Te quiero

Los más bellos poemas de amor

Te quiero

Los más bellos poemas de amor

(Antología)

Planeta

Diseño de portada: Mario Blanco

Derechos exclusivos de edición en castellano
reservados para todo el mundo:
© 1996, Editorial Planeta Argentina S.A.I.C.

Reimpresión exclusiva para México de:
Editorial Planeta Mexicana, S.A. de C.V.
Avenida Insurgentes Sur núm. 1898, piso 11
Colonia Florida, 01030 México, D.F.

Vigésima segunda reimpresión (México): octubre de 2005
ISBN: 968-406-836-0

Impreso en los talleres de Digital Oriente, S.A. de C.V.
Calle 20 Mz-105 Lt-11, colonia José López Portillo, México, D.F.
Impreso y hecho en México – Printed and made in Mexico

www.editorialplaneta.com.mx
www.planeta.com.mx
info@planeta.com.mx

Índice

Sor Juana Inés de la Cruz
(1651-1695)

En que satisfaga un recelo con la retórica del llanto

Esta tarde, mi bien, cuando te hablaba,
como en tu rostro y tus acciones vía
que con palabras no te persuadía,
que el corazón me vieses deseaba.

Y Amor, que mis intentos ayudaba,
venció lo que imposible parecía,
pues entre el llanto que el dolor vertía,
el corazón deshecho destilaba.

Baste ya de rigores, mi bien, baste,
no te atormenten más celos tiranos,
ni el vil recelo tu quietud contraste.

con sombras necias, con indicios vanos:
pues ya en líquido humor viste y tocaste
mi corazón deshecho entre tus manos.

Lope de Vega
(1562-1635)

Desmayarse, atreverse, estar furioso

Desmayarse, atreverse, estar furioso,
áspero, tierno, liberal, esquivo,
alentado, mortal, difunto, vivo,
leal, traidor, cobarde y animoso;

no hallar fuera del bien centro y reposo,
mostrarse alegre, triste, humilde, altivo,
enojado, valiente, fugitivo,
satisfecho, ofendido, receloso.

Huir el rostro al claro desengaño,
beber veneno por licor suave,
olvidar el provecho, amar el daño;

creer que un cielo en un infierno cabe,
dar la vida y el alma a un desengaño:
esto es amor; quien lo probó, lo sabe.

Gabriela Mistral
(1889-1957)

Vergüenza

Si tú me miras, yo me vuelvo hermosa
como la hierba a que bajó el rocío,
y desconocerán mi faz gloriosa
las altas cañas cuando baje al río.

Tengo vergüenza de mi boca triste,
de mi voz rota y mis rodillas rudas.
Ahora que miraste y que viniste,
me encontré pobre y me palpé desnuda.

Ninguna piedra en el camino hallaste
más desnuda de luz en la alborada
que esta mujer a la que levantaste,
porque oíste su canto, la mirada.

Yo callaré para que no conozcan
mi dicha los que pasan por el llano,
en el fulgor que da a mi frente tosca
y en la tremolación que hay en mi mano...

Es noche y baja a la hierba el rocío;
mírame largo y habla con ternura,
¡que ya mañana al descender al río
la que besaste llevará hermosura!

Francisco Luis Bernárdez
(1900-1978)

Estar enamorado

Estar enamorado, amigos, es encontrar el
                           nombre justo de la vida.
Es dar al fin con las palabras que para hacer
                           frente a la muerte se precisa.
Es recobrar la llave oculta que abre la cárcel
                           en que el alma está cautiva.
Es levantarse de la tierra con una fuerza que
                           reclama desde arriba.
Es respirar el ancho viento que por encima de
                           la carne respira.
Es contemplar, desde la cumbre de la persona,
                           la razón de las heridas.
Es advertir en unos ojos una mirada verdadera
                           que nos mira.
Es escuchar en una boca la propia voz
                           profundamente repetida.
Es sorprender en unas manos ese calor de la
                           perfecta compañía.
Es sospechar que, para siempre, la soledad
                           de nuestra sombra está vencida.
Estar enamorado, amigos, es descubrir dónde
                           se juntan cuerpo y alma.

Es percibir en el desierto la cristalina voz de
                              un río que nos llama.
Es ver el mar desde la torre donde ha quedado
                              prisionera nuestra infancia.
Es apoyar los ojos tristes en un paisaje de
                              cigüeñas y campanas.
Es ocupar un territorio donde conviven los
                              perfumes y las armas.
Es dar la ley a cada rosa y al mismo tiempo
                              recibirla de su espada.
Es confundir el sentimiento con una hoguera
                              que del pecho se levanta.
Es gobernar la luz del fuego y al mismo tiempo
                              ser esclavo de la llama.
Es entender la pensativa conversación del
                              corazón y la distancia.
Es encontrar el derrotero que lleva al reino de
                              la música sin tasa.
Estar enamorado, amigos, es adueñarse de
                              las noches y los días.
Es olvidar entre los dedos emocionados la
                              cabeza distraída.
Es recordar a Garcilaso cuando se siente la
                              canción de una herrería.
Es ir leyendo lo que escriben en el espacio las
                              primeras golondrinas.

Es ver la estrella de la tarde por la ventana de
                              una casa campesina.
Es contemplar un tren que pasa por la montaña
                              con las luces encendidas.
Es comprender perfectamente que no hay
                              fronteras entre el sueño y la vigilia.
Es ignorar en qué consiste la diferencia entre
                              la pena y la alegría.
Es escuchar a medianoche la vagabunda
                              confesión de la llovizna.
Es divisar en las tinieblas del corazón una
                              pequeña lucecita.
Estar enamorado, amigos, es padecer espacio
                              y tiempo con dulzura.
Es despertarse una mañana con el secreto de
                              las flores y las frutas.
Es libertarse de sí mismo y estar unido con
                              las otras criaturas.
Es no saber si son ajenas o son propias las
                              lejanas amarguras.
Es remontar hasta la fuente las aguas turbias
                              del torrente de la angustia.
Es compartir la luz del mundo y al mismo
                              tiempo compartir su noche obscura.
Es asombrarse y alegrarse de que la luna
                              todavía sea luna.

Es comprobar en cuerpo y alma que la tarea
               de ser hombre es menos dura.
Es empezar a decir siempre, y en adelante no
                   volver a decir *nunca*.
Y es, además, amigos míos, estar seguro de
                  tener las manos puras.

Ernesto Cardenal
(n. 1925)

Epigrama

Al perderte yo a ti tú y yo hemos perdido:
yo porque tú eras lo que yo más amaba
y tú porque yo era quien te amaba más.
Pero de nosotros dos tú pierdes más que yo:
porque yo podré amar a otras como te
                                                    amaba a ti
pero a ti no te amarán como te amaba yo.

Delmira Agustini
(1886-1914)

La copa del amor

¡Bebamos juntos en la copa egregia!
Raro licor se ofrenda a nuestras almas.
¡Abran mis rosas su frescura regia
a la sombra indeleble de tus palmas!
Tú despertaste mi alma adormecida
en la tumba silente de las horas;
a ti la primer sangre de mi vida
¡en los vasos de luz de mis auroras!

¡Ah! tu voz vino a recamar de oro
mis lóbregos silencios; tú rompiste
el gran hilo de perlas de mi lloro,
y al sol naciente mi horizonte abriste.

Por ti, en mi oriente nocturnal, la aurora
tendió el temblor rosado de su tul:
así en las sombras de la vida ahora,
yo te abro el alma como un cielo azul.

¡Ah, yo me siento abrir como una rosa!
Ven a beber mis mieles soberanas.

¡Yo soy la copa del amor pomposa
que engarzará en tus manos sobrehumanas!

La copa erige su esplendor de llama…
¡Con qué hechizo en tus manos brillaría!
Su misteriosa exquisitez reclama
dedos de ensueño y labios de armonía.

Tómala y bebe, que la gloria dora
el idilio de luz de nuestras almas;
¡marchítense las rosas de mi aurora
a la sombra indeleble de tus palmas!

Octavio Paz
(1914-1998)

Tus ojos

Tus ojos son la patria del relámpago y de la
                                      lágrima,
silencio que habla,
tempestades sin viento, mar sin olas,
pájaros presos, doradas fieras adormecidas,
topacios impíos como la verdad,
otoño en un claro del bosque en donde la luz
                    canta en el hombro de un árbol
                        y son pájaros todas las hojas,
playa que la mañana encuentra constelada de
                                      ojos,
cesta de frutos de fuego,
mentira que alimenta,
espejos de este mundo, puertas del más allá,
pulsación tranquila del mar a mediodía,
absoluto que parpadea,
páramo.

Vicente Aleixandre
(1898-1984)

Mano entregada

Pero otro día toco tu mano. Mano tibia.
Tu delicada mano silente. A veces cierro
mis ojos y toco leve tu mano, leve toque
que comprueba su forma, que tienta
su estructura, sintiendo bajo la piel alada el
duro hueso
insobornable, el triste hueso adonde no llega
nunca
el amor. Oh carne dulce, que sí empapa del
amor hermoso.

Es por la piel secreta, secretamente abierta,
invisiblemente entreabierta,
por donde el calor tibio propaga su voz, su
afán dulce;
para rodar por ellas en tu escondida sangre,
como otra sangre que sonara oscura,
que dulcemente oscura te besara
por dentro, recorriendo despacio como sonido
puro
ese cuerpo que resuena mío, mío poblado de
mis voces profundas,

oh resonado cuerpo de mi amor, oh poseído

cuerpo,
oh cuerpo sólo sonido de mi voz poseyéndole.

Por eso, cuando acaricio tu mano, sé que sólo el

hueso rehúsa
mi amor —el nunca incandescente hueso del

hombre—.
Y que una zona triste de tu ser se rehúsa,
mientras tu carne entera llega un instante

lúcido
en que total flamea, por virtud de ese lento

contacto de tu mano,
de tu porosa mano suavísima que gime,
tu delicada mano silente, por donde entro
despacio, despacísimo, secretamente en tu vida,
hasta tus venas hondas totales donde bogo,
donde te pueblo y canto completo entre tu

carne.

Miguel Hernández
(1910-1942)

Menos tu vientre...

Menos tu vientre
todo es confuso.

Menos tu vientre
todo es futuro
fugaz, pasado
baldío, turbio.

Menos tu vientre
todo es oculto,
menos tu vientre
todo inseguro,
todo postrero,
polvo sin mundo.

Menos tu vientre
todo es oscuro,
menos tu vientre
claro y profundo.

César Vallejo
(1892-1938)

En el rincón aquel, donde dormimos juntos

En el rincón aquel, donde dormimos juntos
tantas noches, ahora me he sentado
a caminar. La cuja de los novios difuntos
fue sacada, o tal vez qué habrá pasado.

Has venido temprano a otros asuntos
y ya no estás. Es el rincón
donde a tu lado, leí una noche,
entre tus tiernos puntos,
un cuento de Daudet. Es el rincón
amado. No lo equivoques.

Me he puesto a recordar los días
de verano idos, tu entrar y salir,
poca y harta y pálida por los cuartos.

En esta noche pluviosa,
ya lejos de ambos dos, salto de pronto...
Son dos puertas abriéndose cerrándose,
dos puertas que al viento van y vienen
sombra a sombra.

Gustavo Adolfo Bécquer
(1836-1870)

Volverán las oscuras golondrinas

Volverán las oscuras golondrinas
en tu balcón sus nidos a colgar,
y otra vez con el ala en los cristales
jugando llamarán.

Pero aquellas que el vuelo refrenaban
tu hermosura y mi dicha a contemplar,
aquellas que aprendieron nuestros nombres…
¡ésas… no volverán!

Volverán las tupidas madreselvas
de tu jardín las tapias a escalar,
y otra vez a la tarde aun más hermosas
sus flores se abrirán.

Pero aquellas, cuajadas de rocío,
cuyas gotas mirábamos temblar
y caer como lágrimas de un día…
¡ésas… no volverán!

Volverán del amor en tus oídos
las palabras ardientes a sonar,

tu corazón de su profundo sueño
tal vez despertará.
Pero mudo y absorto y de rodillas
como se adora a Dios ante su altar,
como yo te he querido... desengáñate,
¡así... no te querrán!

José Asunción Silva
(1865-1896)

Nocturno

Una noche,
una noche toda llena de murmullos, de perfumes
                              y de música de alas;
            una noche
en que ardían en la sombra nupcial y húmeda
                        las luciérnagas fantásticas,
a mi lado lentamente, contra mí ceñida toda
                              muda y pálida,
como si un presentimiento de amarguras
                                    infinitas
hasta el más secreto fondo de las fibras se
                              agitara,
por la senda florecida que atraviesa la llanura
            caminabas;
            y la luna llena
por los cielos azulosos, infinitos y profundos
                        esparcía su luz blanca;
            y tu sombra
            fina y lánguida,
            y mi sombra,
            por los rayos de la luna proyectadas,
            sobre las arenas tristes

de las sendas se juntaban;
y era una,
y eran una,
y eran una sola sombra larga,
y eran una sola sombra larga,
y eran una sola sombra larga...

Esta noche
solo; el alma
llena de las infinitas amarguras y agonías de
                              tu muerte,
separado de ti misma por el tiempo, por la
                              tumba y la distancia,
por el infinito negro
donde nuestra voz no alcanza,
mudo y solo
por la senda caminaba...
Y se oían los ladridos de los perros a la luna,
a la luna pálida,
y el chirrido
de las ranas...
Sentí frío. Era el frío que tenían en tu alcoba
tus mejillas y tus sienes y tus manos adoradas,
entre las blancuras níveas
de las mortuorias sábanas.

Era el frío del sepulcro, era el hielo de la muerte,
        era el frío de la nada...
        Y mi sombra,
por los rayos de la luna proyectada
        iba sola,
        iba sola,
iba sola por la estepa solitaria;
        y tu sombra esbelta y ágil,
        fina y lánguida,
como en esa noche tibia de la muerta primavera,
como en esa noche llena de murmullos, de
                    perfumes y de música de alas,
        se acercó y marchó con ella,
        se acercó y marchó con ella...
        ¡Oh las sombras enlazadas!

¡Oh las sombras de los cuerpos que se juntan
                con las sombras de las almas!
¡Oh las sombras que se buscan en las noches
                de tristezas y de lágrimas!

Francisco de Quevedo
(1580-1645)

Amor eterno más allá de la muerte

Cerrar podrá mis ojos la postrera
sombra que me llevare el blanco día,
y podrá desatar esta alma mía
hora a su afán ansioso lisonjera;

mas no de esotra parte en la ribera,
dejará la memoria en donde ardía;
nadar sabe mi llama el agua fría,
y perder el respeto a ley severa.

Alma a quien todo un dios prisión ha sido,
venas que humor a tanto fuego han dado,
médulas que han gloriosamente ardido;

su cuerpo dejará, no su cuidado;
serán ceniza, mas tendrá sentido;
polvo serán, mas polvo enamorado.

Nicanor Parra
(n. 1914)

Es olvido

Juro que no recuerdo ni su nombre,
Mas moriré llamándola María,
No por simple capricho de poeta:
Por su aspecto de plaza de provincia.
¡Tiempos aquellos!, yo un espantapájaros,
Ella una joven pálida y sombría.
Al volver una tarde del Liceo
Supe de su muerte inmerecida,
Nueva que me causó tal desengaño
Que derramé una lágrima al oírla.
Una lágrima, sí, ¡quién lo creyera!
Y eso que soy persona de energía.
Si he de conceder crédito a lo dicho
Por la gente que trajo la noticia
Debo creer, sin vacilar un punto,
Que murió con mi nombre en las pupilas,
Hecho que me sorprende, porque nunca
Fue para mí otra cosa que una amiga.
Nunca tuve con ella más que simples
Relaciones de estricta cortesía,
Nada más que palabras y palabras
Y una que otra mención de golondrinas.

La conocí en mi pueblo (de mi pueblo
Sólo queda un puñado de cenizas),
Pero jamás vi en ella otro destino
Que el de una joven triste y pensativa.
Tanto fue así que hasta llegué a tratarla
Con el celeste nombre de María,
Circunstancia que prueba claramente
La exactitud central de mi doctrina.
Puede ser que una vez la haya besado,
¡Quién es el que no besa a sus amigas!
Pero tened presente que lo hice
Sin darme cuenta bien de lo que hacía.
No negaré, eso sí, que me gustaba
Su inmaterial y vaga compañía
Que era como el espíritu sereno
Que a las flores domésticas anima.
Yo no puedo ocultar de ningún modo
La importancia que tuvo su sonrisa
Ni desvirtuar el favorable influjo
Que hasta en las mismas piedras ejercía.
Agreguemos, aun, que de la noche
Fueron sus ojos fuente fidedigna.
Mas, a pesar de todo, es necesario
Que comprendan que yo no la quería
Sino con ese vago sentimiento
Con que a un pariente enfermo se designa.
Sin embargo sucede, sin embargo,

Lo que a esta fecha aún me maravilla,
Ese inaudito y singular ejemplo
De morir con mi nombre en las pupilas,
Ella, múltiple rosa inmaculada,
Ella que era una lámpara legítima.
Tiene razón, mucha razón, la gente
Que se pasa quejando noche y día
De que el mundo traidor en que vivimos
Vale menos que rueda detenida:
Mucho más honorable es una tumba,
Vale más una hoja enmohecida.
Nada es verdad, aquí nada perdura,
Ni el color del cristal con que se mira.

Hoy es un día azul de primavera,
Creo que moriré de poesía,
De esa famosa joven melancólica
No recuerdo ni el nombre que tenia.
Sólo que pasó por este mundo
Como una paloma fugitiva:
La olvidé sin quererlo, lentamente,
Como todas las cosas de la vida.

Alfonsina Storni
(1892-1938)

Tú me quieres blanca

Tú me quieres alba;
me quieres de espumas,
me quieres de nácar.
Que sea azucena,
sobre todas, casta.
De perfume tenue.
Corola cerrada.

Ni un rayo de luna
filtrado me haya,
ni una margarita
se diga mi hermana;
tú me quieres blanca;
tú me quieres nívea;
tú me quieres casta.

Tú, me hubiste todas
las copas a mano,
de frutos y mieles
los labios morados.
Tú, que en el banquete,
cubierto de pámpanos,

dejaste las carnes
festejando a Baco.
Tú, que en los jardines
negros del Engaño,
vestido de rojo,
corriste al Estrago.

Tú, que el esqueleto
conservas intacto,
no sé todavía
por cuáles milagros,
me pretendes blanca
(Dios te lo perdone),
me pretendes casta
(Dios te lo perdone),
me pretendes alba.
Huye hacia los bosques;
vete a la montaña;
límpiate la boca;
vive en las cabañas;
toca con las manos
la tierra mojada;
alimenta el cuerpo
con raíz amarga;
bebe de las rocas;
duerme sobre escarcha;
renueva tejidos

con salitre y agua;
habla con los pájaros
y lévate al alba.
Y cuando las carnes
te sean tornadas,
y cuando hayas puesto
en ellas el alma,
que por las alcobas
se quedó enredada,
entonces, buen hombre,
preténdeme blanca,
preténdeme nívea,
preténdeme casta.

Oliverio Girondo
(1891-1967)

Se miran, se presienten, se desean

Se miran, se presienten, se desean,
se acarician, se besan, se desnudan,
se respiran, se acuestan, se olfatean,
se penetran, se chupan, se demudan,
se adormecen, despiertan, se iluminan,
se codician, se palpan, se fascinan,
se mastican, se gustan, se babean,
se contunden, se acoplan, se disgregan,
se aletargan, fallecen, se reintegran,
se distienden, se enarcan, se menean,
se retuercen, se estiran, se caldean,
se estrangulan, se aprietan, se estremecen,
se tantean, se juntan, desfallecen,
se repelen, se enervan, se apetecen,
se acometen, se enlazan, se entrechocan,
se agazapan, se apresan, se dislocan,
se perforan, se incrustan, se acribillan,
se remachan, se injertan, se atornillan,
se desmayan, reviven, resplandecen,
se contemplan, se inflaman, se enloquecen,
se derriten, se sueldan, se calcinan,

se desgarran, se muerden, se asesinan,
resucitan, se buscan, se refriegan,
se rehuyen, se evaden y se entregan.

José Pedroni
(1899-1968)

Entremos

Esta es nuestra casa.
Entremos.
Para ti la hice
como un libro nuevo,
mirando, mirando
como hace el hornero.

Tuya es esta puerta;
tuyo este antepecho,
y tuyo este patio
con su limonero.

Tuya esta solana
donde en el invierno
pesará en tus párpados
tu adormecimiento.

Tuyo este emparrado
que al ligero viento
moverá sus sombras
sobre tu silencio.

Tuyo este hogar hondo
que reclama el leño,
para alzarte en humo,
para amarte en fuego.

Tuya esta escalera
por la cual, sin término,
subirás mi nombre,
bajaré mis versos.

Y tuya esta alcoba
de callado techo,
donde, siempre novios,
nos encontraremos.

Esta es nuestra casa.
¡Hazme el primer fuego!

Mario Benedetti
(n. 1920)

No te salves

No te quedes inmóvil
al borde del camino
no congeles el júbilo
no quieras con desgana
no te salves ahora
ni nunca
      no te salves
no te llenes de calma
no reserves del mundo
sólo un rincón tranquilo
no dejes caer los párpados
pesados como juicios
no te quedes sin labios
no te duermas sin sueño
no te pienses sin sangre
no te juzgues sin tiempo

pero si
      pese a todo
no puedes evitarlo
y congelas el júbilo
y quieres con desgana

y te salvas ahora
y te llenas de calma
y reservas del mundo
sólo un rincón tranquilo
y dejas caer los párpados
pesados como juicios
y te secas sin labios
y te duermes sin sueño
y te piensas sin sangre
y te juzgas sin tiempo
y te quedas inmóvil
al borde del camino
y te salvas
      entonces
no te quedes conmigo.

Rosalía de Castro
(1837-1885)

En los ecos del órgano,
o en el rumor del viento

En los ecos del órgano, o en el rumor del viento,
en el fulgor de un astro o en la gota de lluvia,
te adivinaba en todo, y en todo te buscaba,
          sin encontrarte nunca.

Quizá después te he hallado, te he hallado
                              y te ha perdido
otra vez, de la vida en la batalla ruda,
ya que sigue buscándote y te adivina en todo,
          sin encontrarte nunca.

Pero sabe que existes y no eres vano sueño,
hermosura sin nombre, pero perfecta y única.
Por eso vive triste, porque te busca siempre,
          sin encontrarte nunca.

Enrique Lihn
(1929-1988)

Celeste hija de la tierra

No es lo mismo estar solo que estar solo
en una habitación de la que acabas de salir
como el tiempo: pausada, fugaz, continuamente
en busca de mi ausencia, porque entonces
empiezo a comprender que soy un muerto
y es la palabra, espejo del silencio
y la noche, el fruto del día, su adorable secreto
                              revelado por fin.

Tendría que empezar a ser de nuevo
para aceptar el mundo como si no fueses
solamente lo único que conservo de ti,
tendría que olvidarme
como se olvida lo más negro de un sueño,
soplar en mi conciencia hasta apagar mi imagen,
cerrar los ojos frente a los espejos,
deshacerme y hacerme, soñar siempre con otro,
morirme de mí mismo
para no recordarte a cada instante
como el ciego recuerda la luz y el condenado a
la vida, toda ella, en un abrir y cerrar de ojos,
porque estás más adentro de mí que yo mismo

o existo porque existes
o yo no sé quién soy desde que sé quién eres.

No es lo mismo estar solo que estar sin ti,
                                       conmigo
con lo que permanece de mí si tú me dejas:
alguien, no, quizás algo: el aspecto de un hombre,
                                     su retrato
que el viento de otro mundo dispersa en el
                                     espacio
lleno de tu fantasma desgarrador y dulce.

Monstruo mío, amor mío,
dondequiera que estés, con quienquiera que
                                     yazgas
abre por un instante los ojos en mi nombre
e, iluminada por tu despertar,
dime, como si yo fuese la noche,
qué debo hacer para volver a odiarte,
para no amar el odio que te tengo.
Es inútil
buscar a tu enemigo en el infierno
suyo y de esta ciudad, allí donde la música
                                     agoniza
larga, ruidosamente en el silencio
y beber en su vaso para verte
con su mirada azul, roja de odio,

el vino que refleja su secreta agonía,
la que en su corazón en ruinas danza
a la luz de una luna tan desnuda como ella
con la misma afrentosa lascivia de la luna
que no se muestra al sol, pero acepta su fuego,
esa virgen tatuada
por los siete pecados capitales
no eres tú o eres otra;
alguien, quizá yo mismo, entonces toca
mi frente y me despierto como el fuego en la
                                    noche,
en toda mi pureza,
con tu nombre verídico en los labios.

Rubén Darío
(1867-1916)

Mía

Mía: así te llamas.
¿Qué más armonía?
Mía: luz del día;
mía: rosas, llamas.

¡Qué aroma derrama
en el alma mía
si sé que me amas!
¡Oh Mía! ¡Oh Mía!

Tu sexo fundiste
con mi sexo fuerte,
fundiendo dos bronces.

Yo triste, tú triste...
¿No has de ser entonces
mía hasta la muerte?

Luis Cernuda
(1902-1963)

Te quiero

Te quiero.

Te lo he dicho con el viento,
Jugueteando como animalillo en la arena
O iracundo como órgano tempestuoso;

Te lo he dicho con el sol,
Que dora desnudos cuerpos juveniles
Y sonríe en todas las cosas inocentes;

Te lo he dicho con las nubes,
Frentes melancólicas que sostienen el cielo,
Tristezas fugitivas;

Te lo he dicho con las plantas,
Leves criaturas transparentes
Que se cubren de rubor repentino;

Te lo he dicho con el agua,
Vida luminosa que vela un fondo de sombra;

Te lo he dicho con el miedo,
Te lo he dicho con la alegría;
Con el hastío, con las terribles palabras.

Pero así no me basta:
Más allá de la vida,
Quiero decírtelo con la muerte;
Más allá del amor,
Quiero decírtelo con el olvido.

Carlos Germán Belli
(n. 1927)

Nuestro amor

Nuestro amor no está en nuestros respectivos
y castos genitales, nuestro amor
tampoco en nuestra boca, ni en las manos:
todo nuestro amor guárdase con pálpito
bajo la sangre pura de los ojos.
Mi amor, tu amor, esperan que la muerte
se robe los huesos, el diente y la uña,
esperan que en el valle solamente
tus ojos y mis ojos queden juntos,
mirándose ya fuera de las órbitas,
más bien como dos astros, como uno.

Baldomero Fernández Moreno
(1886-1950)

Los amantes

Ved en sombras el cuarto, y en el lecho
desnudos, sonrosados, rozagantes,
el nudo vivo de los dos amantes
boca con boca y pecho contra pecho.

Se hace más apretado el nudo estrecho,
bailotean los dedos delirantes,
suspéndese el aliento unos instantes…
y he aquí el nudo sexual deshecho.

Un desorden de sábanas y almohadas,
dos pálidas cabezas despeinadas,
una suelta palabra indiferente,

un poco de hambre, un poco de tristeza,
un infantil deseo de pureza
y un vago olor cualquiera en el ambiente.

Roque Dalton
(1933-1975)

Desnuda

Amo tu desnudez
porque desnuda me bebes con los poros
como hace el agua cuando entre sus paredes me
sumerjo.

Tu desnudez derriba con su calor los límites,
me abre todas las puertas para que te adivine,
me toma de la mano como un niño perdido
que en ti dejara quietas su edad y sus preguntas.

Tu piel dulce y salobre que respiro y que sorbo
pasa a ser mi universo, el credo que me nutre;
la aromática lámpara que alzo estando ciego
cuando junto a las sombras los deseos me ladran.

Cuando te me desnudas con los ojos cerrados
cabes en una copa vecina de mi lengua,
cabes entre mis manos como el pan necesario,
cabes bajo mi cuerpo más cabal que su sombra.

El día en que te mueras te enterraré desnuda
para que limpio sea tu reparto en la tierra,

para poder besarte la piel en los caminos,
trenzarte en cada río los cabellos dispersos.

El día en que te mueras te enterraré desnuda,
como cuando naciste de nuevo entre mis piernas.

Federico García Lorca
(1898-1936)

Casida de la mujer tendida

Verte desnuda es recordar la tierra.
La tierra lisa, limpia de caballos.
La tierra sin un junco, forma pura
cerrada al porvenir: confín de plata.

Verte desnuda es comprender el ansia
de la lluvia que busca débil talle,
o la fiebre del mar de inmenso rostro
sin encontrar la luz de su mejilla.

La sangre sonará por las alcobas
y vendrá con espada fulgurante,
pero tú no sabrás dónde se ocultan
el corazón del sapo o la violeta.

Tu vientre es una lucha de raíces,
tus labios son un alba sin contorno;
bajo las rosas tibias de la cama,
los muertos gimen esperando turno.

Luis de Góngora
(1561-1627)

Mientras por competir con tu cabello

Mientras por competir con tu cabello,
oro bruñido, el sol relumbra en vano;
mientras con menosprecio en medio el llano
mira a tu blanca frente el lirio bello.

Mientras a cada labio, por cogello
siguen más ojos que al clavel temprano,
y mientras triunfa con desdén lozano
del luciente marfil tu gentil cuello;

goza cuello, cabello, labio y frente,
antes que lo que fue en tu edad dorada
oro, lirio, clavel, marfil luciente,

no sólo en plata o viola truncada
se vuelva, más tú y ello juntamente
en tierra, en humo, en polvo, en sombra, en nada.

Jorge Luis Borges
(1899-1986)

El amenazado

Es el amor. Tendré que ocultarme o que huir.

Crecen los muros de su cárcel, como en un sueño atroz. La hermosa máscara ha cambiado, pero como siempre es la única. ¿De qué me servirán mis talismanes: el ejercicio de las letras, la vaga erudición, el aprendizaje de las palabras que usó el áspero Norte para cantar sus mares y sus espadas, la serena amistad, las galerías de la Biblioteca, las cosas comunes, los hábitos, el joven amor de mi madre, la sombra militar de mis muertos, la noche intemporal, el sabor del sueño?

Estar contigo o no estar contigo es la medida de mi tiempo.

Ya el cántaro se quiebra sobre la fuente, ya el hombre se levanta a la voz del ave, ya se han oscurecido los que miran por las ventanas, pero la sombra no ha traído la paz.

Es, ya lo sé, el amor: la ansiedad y el alivio de oír tu voz, la espera y la memoria, el horror de vivir en lo sucesivo.

Es el amor con sus mitologías, con sus pequeñas magias inútiles.

Hay una esquina por la que no me atrevo a
pasar.
Ya los ejércitos que cercan, las hordas.
(Esta habitación es irreal; ella no la ha visto.)
El nombre de una mujer me delata.
Me duele una mujer en todo el cuerpo.

Alejandra Pizarnik
(1936-1972)

Dice que no sabe

dice que no sabe del miedo de la muerte del amor
dice que tiene miedo de la muerte del amor
dice que el amor es muerte es miedo
dice que la muerte es miedo es amor
dice que no sabe

José Martí
(1853-1895)

Quiero, a la sombra de un ala

Quiero, a la sombra de un ala,
contar este cuento en flor:
la niña de Guatemala,
la que se murió de amor.

Eran de lirios los ramos,
y las orlas de reseda
y de jazmín; la enterramos
en una caja de seda...

Ella dio al desmemoriado
una almohadilla de olor;
él volvió, volvió casado;
ella se murió de amor.

Iban cargándola en andas
obispos y embajadores;
detrás iba el pueblo en tandas
todo cargado de flores...

Ella, por volverlo a ver,
salió a verlo al mirador;

él volvió con su mujer;
ella se murió de amor.

Como de bronce candente,
al beso de despedida,
era su frente ¡la frente
que más he amado en mi vida…!

Se entró de tarde en el río,
la sacó muerta el doctor:
dicen que murió de frío,
yo sé que murió de amor.

Allí, en la bóveda helada,
la pusieron en dos bancos:
besé su mano afilada,
besé sus zapatos blancos.

Callado, al oscurecer,
me llamó el enterrador:
nunca más he vuelto a ver
a la que se murió de amor.

Antonio Machado
(1875-1939)

Inventario galante

Tus ojos me recuerdan
las noches de verano,
negras noches sin luna
orilla al mar salado,
y el chispear de estrellas
del cielo negro y bajo.
Tus ojos me recuerdan
las noches de verano.
Y tu morena carne
los trigos requemados,
y el suspirar de fuego
de los maduros campos.

Tu hermana es clara y débil
como los juncos lánguidos,
como los sauces tristes,
como los linos glaucos.
Tu hermana es un lucero
en el azul lejano...

Y es alba y aura fría
sobre los pobres álamos

que en las orillas tiemblan
del río humilde y manso.
Tu hermana es un lucero
en el azul lejano.

De tu morena gracia,
de tu soñar gitano,
de tu mirar de sombra
quiero llenar mi vaso.
Me embriagaré una noche
de cielo negro y bajo,
para cantar contigo
orilla al mar salado
una canción que deje
cenizas en los labios...
De tu mirar de sombra
quiero llenar mi vaso.

Para tu linda hermana
arrancaré los ramos
de florecillas nuevas
a los almendros blancos,
en un tranquilo y triste
alborear de marzo.
Los regaré con agua
de los arroyos claros
los ataré con verdes

junquillos del remanso...
Para tu linda hermana
yo haré un ramito blanco.

Juan Ramón Jiménez
(1881-1958)

Desnudos

Nacía, gris, la luna, y Beethoven lloraba,
bajo la mano blanca, en el piano de ella...
En la estancia sin luz, ella, mientras tocaba,
morena de la luna, era tres veces bella.
Teníamos los dos desangradas las flores
del corazón, y acaso llorábamos sin vernos...
Cada nota encendía una herida de amores...
—...El dulce piano intentaba comprendernos.—
Por el balcón abierto a las brumas estrelladas,
venía un viento triste de mundos invisibles...
Ella me preguntaba de cosas ignoradas
y yo le respondía de cosas imposibles...

María Elena Walsh
(n. 1930)

Entonces

Cuando yo no te amaba todavía
—oh verdad del amor, quién lo creyera—
para mi sed no había
ninguna preferencia verdadera.

Ya no recuerdo el tiempo de la espera
con esa niebla en la memoria mía:
¿el mundo cómo era
cuando yo no te amaba todavía?

Total belleza que el amor inventa
ahora que es tan pura
su navidad, para que yo la sienta.

Y sé que no era cierta la dulzura,
que nunca amanecía
cuando yo no te amaba todavía.

Garcilaso de la Vega
(1503-1536)

Escrito está en mi alma vuestro gesto

Escrito está en mi alma vuestro gesto
y cuanto yo escribir de vos deseo:
vos sola lo escribisteis; yo lo leo
tan solo que aun de vos me guardo en esto.

En esto estoy y estaré siempre puesto
que aunque no cabe en mí cuanto en vos veo,
de tanto bien lo que no entiendo creo,
tomando ya la fe por presupuesto.

Yo no nací sino para quereros;
mi alma os ha cortado a su medida;
por hábitos del alma misma os quiero;

cuanto tengo confieso yo deberos;
por vos nací, por vos tengo la vida,
por vos he de morir, y por vos muero.

Jaime Sabines
(1926-1999)

No es que muera de amor…

No es que muera de amor, muero de ti.
Muero de ti, amor, de amor de ti,
de urgencia mía de mi piel de ti,
de mi alma de ti y de mi boca
y del insoportable que yo soy sin ti.

Muero de ti y de mí, muero de ambos,
de nosotros, de ése
desgarrado, partido,
me muero, te muero, lo morimos.
Morimos en mi cuarto en que estoy solo,
en mi cama en que me faltas,
en la calle donde mi brazo va vacío,
en el cine y los parques, los tranvías,
los lugares donde mi hombro acostumbra tu
                                      cabeza
y mi mano tu mano
y todo yo te sé como yo mismo.

Morimos en el sitio que le he prestado al aire
para que estés fuera de mí,
y en el lugar en que el aire se acaba

cuando te echo mi piel encima
y nos conocemos en nosotros, separados del

                                       mundo,

dichosa, penetrada, y cierto, interminable.

Morimos, lo sabemos, lo ignoran, nos morimos
entre los dos, ahora, separados,
del uno al otro, diariamente,
cayéndonos en múltiples estatuas,
en gestos que no vemos,
en nuestras manos que nos necesitan.

Nos morimos, amor, muero en tu vientre
que no muerdo ni beso,
en tus muslos dulcísimos y vivos,
en tu carne sin fin, muero de máscaras,
de triángulos obscuros e incesantes.
Me muero de mi cuerpo y de tu cuerpo,
de nuestra muerte, amor, muero, morimos.

Amado Nervo
(1870-1919)

Cobardía

Pasó con su madre. ¡Qué rara belleza!
¡Qué rubios cabellos de trigo garzul!
¡Qué ritmo en el paso! ¡Qué innata realeza
de porte! ¡Qué formas bajo el fino tul!...
Pasó con su madre. Volvió la cabeza:
¡me clavó muy honda su mirada azul!

Quedé como en éxtasis...

                Con febril premura
"¡Síguela!" gritaron cuerpo y alma al par.
...Pero tuve miedo de amar con locura,
de abrir mis heridas, que suelen sangrar
¡y no obstante toda mi sed de ternura,
cerrando los ojos, la dejé pasar!

Dulce María Loynaz
(n. 1903)

La balada del amor tardío

Amor que llegas tarde,
tráeme al menos la paz:
Amor de atardecer, ¿por qué extraviado
camino llegas a mi soledad?

Amor que me has buscado sin buscarte,
no sé qué vale más:
la palabra que van a decirme
o la que yo no digo ya...

Amor... ¿No sientes frío? Soy la luna:
Tengo la muerte blanca y la verdad
lejana... —No me des tus rosas frescas;
soy grave para rosas. Dame el mar...

Amor que llegas tarde, no me viste
ayer cuando cantaba en el trigal...
Amor de mi silencio y mi cansancio,
hoy no me hagas llorar.

Rafael Alberti
(1902-1999)

Retornos del amor tal como era

Eras en aquel tiempo rubia y grande,
sólida espuma ardiente y levantada.
Parecías un cuerpo desprendido
de los centros del sol, abandonado
por un golpe de mar en las arenas.

Todo era fuego en aquel tiempo. Ardía
la playa en tu contorno. A rutilantes
vidrios de luz quedaban reducidos
las algas, los moluscos y las piedras
que el oleaje contra ti mandaba.

Todo era fuego, exhalación, latido
de onda caliente en ti. Si era una mano
la atrevida o los labios, ciegas ascuas,
voladoras, silbaban por el aire.
Tiempo abrasado, sueño consumido.

Yo me volqué en tu espuma en aquel tiempo.

Juana de Ibarbourou
(1895-1979)

La hora

Tómame ahora que aún es temprano
y que llevo dalias nuevas en la mano.

Tómame ahora que aún es sombría
esta taciturna cabellera mía.

Ahora que tengo la carne olorosa
y los ojos limpios y la piel de rosa.

Ahora que calza mi planta ligera
la sandalia viva de la primavera.

Ahora que en mis labios repica la risa
como una campana sacudida aprisa.

Después…, ¡ah, yo sé
que ya nada de eso más tarde tendré!

Que entonces inútil será tu deseo,
como ofrenda puesta sobre un mausoleo.

¡Tómame ahora que aún es temprano
y que tengo rica de nardos la mano!

Hoy, y no más tarde. Antes que anochezca
y se vuelva mustia la corola fresca.

Hoy, y no mañana. ¡Oh, amante!, ¿no ves
que la enredadera crecerá ciprés?

Leopoldo Marechal
(1900-1970)

Del amor navegante

Porque no está el Amado en el Amante,
ni el Amante reposa en el Amado,
tiende Amor su velamen castigado
y afronta el ceño de la mar tonante.

Llora el Amor en su navío errante
y a la tormenta libra su cuidado,
porque son dos: amante desterrado
y Amado con perfil de navegante.

Si fuesen uno, Amor, no existiría
ni llanto ni bajel ni lejanía,
sino la beatitud de la azucena.

¡Oh amor sin remo en la Unidad gozosa!
¡Oh círculo apretado de la rosa!
con el número Dos nace la pena.

Leopoldo Lugones
(1871-1938)

Oceánida

El mar lleno de urgencias masculinas
bramaba alrededor de tu cintura,
y como un raso colosal, la oscura
ribera te amparaba. En tus retinas

y en tus cabellos y en tu astral blancura,
rieló con decadencias opalinas
esa luz de las tardes mortecinas
que en el agua pacífica perdura.

Palpitando a los ritmos de tu seno
hinchóse en una ola el mar sereno;
para hundirte en sus vértigos felinos,

su voz te dijo una caricia vaga,
y al penetrar entre tus muslos finos
la onda se aguzó como una daga.

Enrique Molina
(n. 1910)

Alta marea

Cuando un hombre y una mujer que se han amado
se separan
se yergue como una cobra de oro el canto ardiente
del orgullo
la errónea maravilla de sus noches de amor
las constelaciones pasionales
los arrebatos de su indómito viaje sus risas a través
de las piedras sus plegarias y cóleras
sus dramas de secretas injurias enterradas
sus maquinaciones perversas las cacerías y
disputas
el oscuro relámpago humano que aprisionó un
instante el furor de sus cuerpos
con el lazo fulmíneo de las antípodas
los lechos a la deriva en el oleaje de gasa de los
sueños
la mirada de pulpo de la memoria
los estremecimientos de una vieja leyenda
cubierta de pronto
con la palidez de la tristeza y todos los gestos del
abandono
dos o tres libros y una camisa en una maleta

llueve y el tren desliza un espejo frenético por los
                                    rieles de la tormenta
el hotel da al mar
tanto sitio ilusorio tanto lugar de no llegar nunca
tanto trajin de gentes circulando con objetos
            inútiles o enfundadas en ropas polvorientas
pasan cementerios de pájaros
cabezas actitudes montañas alcoholes y
                        contrabandos informes cada
                        noche cuando te desvestías
la sombra de tu cuerpo desnudo crecía sobre los
                        muros hasta el techo
los enormes roperos crujían en las habitaciones
                                    inundadas
puertas desconocidas rostros vírgenes
los desastres imprecisos los deslumbramientos de
                                    la aventura
siempre a punto de partir
siempre esperando el desenlace
la cabeza sobre el tajo
el corazón hechizado por la amenaza tantálica del
                                    mundo
Y ese reguero de sangre
un continente sumergido en cuya boca aún
            hierve la espuma de los días indefensos
                        bajo el soplo del sol
el nudo de los cuerpos constelados por un fulgor
                        de lentejuelas insaciables

esos labios besados en otro país en otra raza
en otro planeta en otro cielo en otro infierno
regresaba en un barco
una ciudad se aproximaba a la borda con su
        peso de sal como un enorme galápago
todavía las alucinaciones del puente y el
        sufrimiento del trabajo marítimo con el
        desplomado trono de las olas y el árbol
        de la hélice que pasaba justamente
        bajo mi cucheta
éste es el mundo desmedido el mundo sin
        reemplazo el mundo desesperado como una
        fiesta en su huracán de estrellas pero no hay
        piedad para mí
ni el sol ni el mar ni la loca pocilga de los puertos
ni la sabiduría de la noche a la que oigo cantar
        por la boca de las aguas y de los campos con
        las violencias de este planeta que nos
        pertenece y se nos escapa
entonces tú estabas al final
esperando en el muelle mientras el viento me
        devolvía a tus brazos como un pájaro
en la proa lanzaron el cordel con la bola de
plomo en la punta y el cabo de Manila fue recogido
todo termina
los viajes y el amor
nada termina

ni viajes ni amor ni olvido ni avidez
todo despierta nuevamente con la tensión mortal
    de la bestia que acecha en el sol de su instinto
todo vuelve a su crimen como un alma
        encadenada a su dicha y a sus muertos
todo fulgura como un guijarro de Dios sobre la
                playa
unos labios lavados por el diluvio
    y queda atrás
el halo de la lámpara el dormitorio arrasado por
    la vehemencia del verano y el remolino de las
        hojas sobre las sábanas vacías
y una vez más una zarpa de fuego se apoya en el
        corazón de su presa
en este Nuevo Mundo confuso abierto en todas
        direcciones
donde la furia y la pasión se mezclan al polen del
        Paraíso
y otra vez la tierra despliega sus alas de sed
        intacta y sin raíces
cuando un hombre y una mujer que se han amado
        se separan.

Nicolás Guillén
(1902-1989)

Piedra de horno

La tarde abandonada gime deshecha en lluvia.
Del cielo caen recuerdos y entran por la ventana.
Duros suspiros rotos, quimeras calcinadas.

Lentamente va viniendo tu cuerpo.
Llegan tus manos en su órbita
de aguardiente de caña;
tus pies de lento azúcar quemado por la danza,
y tus muslos, tenazas del espasmo,
y tu boca, sustancia
comestible, y tu cintura
de abierto caramelo.
Llegan tus brazos de oro, tus dientes sanguinarios;
de pronto entran tus ojos traicionados;
tu piel tendida, preparada
para la siesta:
tu olor a selva repentina; tu garganta
gritando —no sé, me lo imagino—, gimiendo
—no sé, me lo figuro—, quejándose —no sé,
                                    supongo, creo—;
tu garganta profunda
retorciendo palabras prohibidas.

Un río de promesas
desciende de tu pelo,
se demora en tus senos,
cuaja al fin en un charco de melaza en tu vientre,
viola tu carne firme de nocturno secreto.

Carbón ardiente y piedra de horno
en esta tarde fría de lluvia y de silencio.

Edgar Bayley
(1919-1990)

Entre un hombre y una mujer

Entre un hombre y una mujer
la vida crece
y crecen las lunas
los techos
la intemperie
mientras se entrecruzan palabras halcones arañas
zigzagueos del amor del odio
de la sombra y el cielo.

Entre un hombre y una mujer
la pasión crece
el fulgor de una lucidez relampagueante
que traza entre las sombras sus arabescos
y cada uno teme al otro
y cada uno confía entrega una almendra al otro
y cada uno confía espera y dice: Dios mío amor
                                                    mío
y cada uno quisiera un reino azul para el otro
en cualquier parte del cielo o de la tierra
y cada uno quisiera todo aquello
que se oculta tras el cercado:
una magnolia

una arcilla
el telón de un teatro de títeres
una noche de Navidad
unos balcones que dan a un bosque espeso
mientras oscurece.

Cada uno quisiera todo eso
para dárselo al otro
pero el otro no sabe nada y calla
los dos callan.

Esto suele pasar entre un hombre y una mujer
que se aman
y que apenas se conocen
hasta que las caricias estallan
y se dicen todo sin decírselo
con las manos sus cuerpos
con la respiración entrecortada
la misma de la tierra toda
del granito la memoria
los postigos del sueño.

Antonio Cisneros
(n. 1942)

Contra la flor de la canela

Para hacer el amor
debe evitarse un sol muy fuerte sobre los ojos de
la muchacha,
tampoco es buena la sombra si el lomo del amante
se achicharra
para hacer el amor.
Los pastos húmedos son mejores que los pastos
amarillos
pero la arena negra es mejor todavía.
Ni junto a las colinas porque el suelo es rocoso ni
cerca de las aguas.
Poco reino es la cama para este buen amor.
Limpios los cuerpos han de ser como una gran
pradera:
que ningún valle o monte quede oculto y los amantes
podrán holgarse en todos sus caminos.
La oscuridad no guarda el buen amor.
El cielo debe ser azul y amable, limpio y redondo
como un techo
y entonces
la muchacha no verá el dedo de Dios.

Los cuerpos discretos pero nunca en reposo,
los pulmones abiertos,
las frases cortas.
Es difícil hacer el amor pero se aprende.

Juan Gelman
(n. 1930)

*G*otán

Esa mujer se parecía a la palabra nunca,
desde la nuca le subía un encanto particular,
una especie de olvido donde guardar los ojos,
esa mujer se me instalaba en el costado izquierdo.

Atención atención yo gritaba atención
pero ella invadía como el amor, como la noche,
las últimas señales que hice para el otoño
se acostaron tranquilas bajo el oleaje de sus
                                                    manos.

Dentro de mí estallaron ruidos secos,
caían a pedazos la furia, la tristeza,
la señora llovía dulcemente
sobre mis huesos parados en la soledad.

Cuando se fue yo tiritaba como un condenado,
con un cuchillo brusco me maté,
voy a pasar toda la muerte tendido con su
                                                    nombre,
él moverá mi boca por última vez.

Silvina Ocampo
(1906-1993)

Nos iremos, me iré con los que aman

No iremos, me iré con los que aman,
dejaré mis jardines y mi perro
aunque parezca dura como el hierro
cuando los vientos vagabundos braman.

Nos iremos, tu voz, tu amor me llaman:
dejaré el son plateado del cencerro
aunque llegue a las luces del destierro
por ti, porque tus frases me reclaman.

Buscaré el mar por ti, por tus hechizos,
me echaré bajo el ala de la vela,
después que el barco zarpe cuando vuela.

la sombra del adiós. Como en los frisos
lloraré, la cabeza entre tu mano,
lo que me diste y me negaste en vano.

Macedonio Fernández
(1874-1952)

Amor se fue

Amor se fue; mientras duró
de todo hizo placer.
Cuando se fue
nada dejó que no doliera.

Pablo Neruda
(1904-1973)

Puedo escribir los versos más tristes esta noche

Puedo escribir los versos más tristes esta noche.

Escribir, por ejemplo: "La noche está estrellada, y
    tiritan, azules, los astros, a lo lejos".

El viento de la noche gira en el silencio y canta.

Puedo escribir los versos más tristes esta noche.
Yo la quise, y a veces ella también me quiso.

En las noches como ésta la tuve entre mis brazos.
La besé tantas veces bajo el cielo infinito.

Ella me quiso, a veces también yo la quería.
Cómo no haber amado sus grandes ojos fijos.

Puedo escribir los versos más tristes esta noche.
Pensar que no la tengo, sentir que la he perdido.

Oír la noche inmensa, más inmensa sin ella.
Y el verso cae al alma como al pasto el rocío.

Qué importa que mi amor no pudiera guardarla.
La noche está estrellada y ella no está conmigo.

Eso es todo. A lo lejos alguien canta. A lo lejos.
Mi alma no se contenta con haberla perdido.

Como para acercarla mi mirada la busca.
Mi corazón la busca, y ella no está conmigo.

La misma noche que hace blanquear los mismos
                                        árboles.
Nosotros, los de entonces, ya no somos los
                                        mismos.
Ya no la quiero, es cierto, pero cuánto la quise.
Mi voz buscaba el viento para tocar su oído.

De otro. Será de otro. Como antes de mis besos.
Su voz, su cuerpo claro. Sus ojos infinitos.

Ya no la quiero, es cierto, pero tal vez la quiero.
Es tan corto el amor, y es tan largo el olvido.

Porque en noches como ésta la tuve entre mis

brazos,

mi alma no se contenta con haberla perdido.

Aunque éste sea el último dolor que ella me causa,
y éstos sean los últimos versos que yo le escribo.

Idea Vilariño
(n. 1920)

Ya no

Ya no será
ya no
no viviremos juntos
no criaré a tu hijo
no coseré tu ropa
no te tendré de noche
no te besaré al irme.
Nunca sabrás quién fui
por qué me amaron otros.
No llegaré a saber por qué ni cómo nunca
ni si era de verdad
lo que dijiste que era
ni quién fuiste
ni quién fui para ti
ni cómo hubiera sido
vivir juntos
querernos
esperarnos
estar.

Ya no soy más que yo
para siempre y tú ya

no serás para mí
más que tú. Ya no estás
en un día futuro
no sabré dónde vives
con quién
ni si te acuerdas.
No me abrazarás nunca
como esa noche
nunca.
No volveré a tocarte.
No te veré morir.

Fuentes bibliográficas

Rafael Alberti, "Retornos del amor tal como era", *Poemas del destierro y de la espera*, Espasa Calpe, Madrid, 1976.

Vicente Aleixandre, "Mano entregada", *Historia del corazón*, Espasa Calpe, Madrid, 1977.

Edgar Bayley, "Entre un hombre y una mujer", *Alguien llama*, Argonauta, Buenos Aires, 1985.

Carlos Germán Belli, "Nuestro amor", *Asir la forma que se va*, Lima, 1979.

Mario Benedetti, "No te salves", *Poemas de otros*, Seix Barral, Buenos Aires, 1995.

Francisco Luis Bernárdez, "Estar enamorado", *Antología poética*, Espasa Calpe, Buenos Aires, 1947.

Jorge Luis Borges, "El amenazado", *El oro de los tigres*, Emecé, Buenos Aires, 1972.

Ernesto Cardenal, "Epigrama", *Epigramas*, Carlos Lohlé, Buenos Aires, 1972.

Luis Cernuda, "Te quiero", *La realidad y el deseo (1924-1962)*, Fondo de Cultura Económica, México, 1964.

Antonio Cisneros, "Contra la flor de la canela", *Agua que no has de beber*, Visor, Barcelona, 1974.

Roque Dalton, "Desnuda", *Atado al mar y otros poemas*, Espasa Calpe, Buenos Aires, 1995.

Macedonio Fernández, "Amor se fue", *Poesías completas*, Visor, Madrid, 1991.

Baldomero Fernández Moreno, "Los amantes", *Antología (1915-1947)*, Espasa Calpe, Buenos Aires, 1948.

Juan Gelman, "Gotán", *Gotán*, Seix Barral, Buenos Aires, 1996.

Oliverio Girondo, "Se miran, se presienten, se desean", *Espantapájaros (al alcance de todos)*, Proa, Buenos Aires, 1932.

Nicolás Guillén, "Piedra del horno", Agencia Literaria Latinoamericana, La Habana.

Juana de Ibarbourou, "La hora", *Verso y prosa*, Kapeluz, Buenos Aires, 1968.

Juan Ramón Jiménez, "Desnudos", *Antología*, Espasa Calpe, Madrid, 1975.

Enrique Lihn, "Celeste hija de la tierra", *Por qué escribí*, Fondo de Cultura Económica, Santiago de Chile, 1995.

Dulce María Loynaz, "La balada del amor tardío", Agencia Literaria Latinoamericana, La Habana.

Antonio Machado, "Inventario galante", *Poesías completas*, Espasa Calpe, Buenos Aires, 1994.

Leopoldo Marechal, "Del amor navegante", *Poesías 1924-1950*, Ediciones del 80, Buenos Aires, 1984.

GABRIELA MISTRAL, "Vergüenza", *Desolación*, Espasa Calpe, Buenos Aires, 1948.

ENRIQUE MOLINA, "Alta marea", *Orden terrestre*, Seix Barral, Buenos Aires, 1995.

PABLO NERUDA, "Puedo escribir los versos más tristes esta noche", *Veinte poemas de amor y una canción desesperada,* Planeta, Buenos Aires, 1996.

SILVINA OCAMPO, "Nos iremos, me iré con los que aman", *Los sonetos del jardín*, Sur, 1946.

NICANOR PARRA, "Es olvido", *Obra gruesa,* Editorial Universitaria de Chile, Santiago, 1969.

OCTAVIO PAZ, "Tus ojos", *Poemas (1935-1975)*, Seix Barral, Barcelona, 1979.

JOSÉ PEDRONI, "Entremos", *Hacecillo de Elena*, Colmegna, Santa Fe, 1978.

ALEJANDRA PIZARNIK, "Dice que no sabe", *Obras completas*, Corregidor, Buenos Aires, 1994.

JAIME SABINES, "No es que muera el amor...", *Recuento de poemas (1950-1993)*, Joaquín Mortiz, México, 1997.

IDEA VILARIÑO, "Ya no", *Poesía (1945-1990)*, Arca, Montevideo, 1995.

MARÍA ELENA WALSH, "Entonces", *Los poemas*, Seix Barral, Buenos Aires, 1994.